LA CLÉ DES MOTS

LECTURE * ORTHOGRAPHE

2e livret

AVANT-PROPOS

Cette méthode d'initiation à la lecture veut être simple, sûre.

Convaincus qu'aucune acquisition, en lecture comme en orthographe, se sera durable si les éléments phonétiques ne sont pas assimilés, nous nous sommes efforcés d'aider l'enfant en lui proposant :

— des images familières
évoquant spontanément la difficulté étudiée

— des exercices
réguliers (toujours placés au début de la leçon)
courts (deux lignes)
faciles (la nouveauté à étudier est signalée en couleur)

— un vocabulaire
courant (mots usuels)
concret (chaque mot peut être représenté par un dessin très simple)
peu nombreux (6 mots nouveaux par leçon)

— des phrases
courtes (8 à 12 syllabes)
faciles à comprendre
à prononcer
à retenir
à compléter
à modifier

— un texte
simple mais qui reprend tous les sons étudiés

— des révisions
quotidiennes (chaque leçon permet une révision méthodique des acquisitions précédentes).

Des signes conventionnels puis des chiffres permettent aux enfants distraits de suivre facilement la lecture.

Cette méthode répond en outre au légitime souci de fixer l'ORTHOGRAPHE.

— Les exercices peuvent être dictés quotidiennement.

— Les mots ne comportent pas de difficulté orthographique.

— Les phrases sont courtes, simples, parfaitement claires (les verbes sont au présent ou au passé composé).

La progression a été mûrement réfléchie; l'étude des lettres et des sons s'appuie sur les résultats d'une expérimentation patiemment menée pendant quinze années. Pour éviter les inversions si fréquentes, certaines lettres sont mises en évidence soit en couleur, soit en caractères gras.

Josiane Jeannot

ISBN : 978-2-09-126807-1

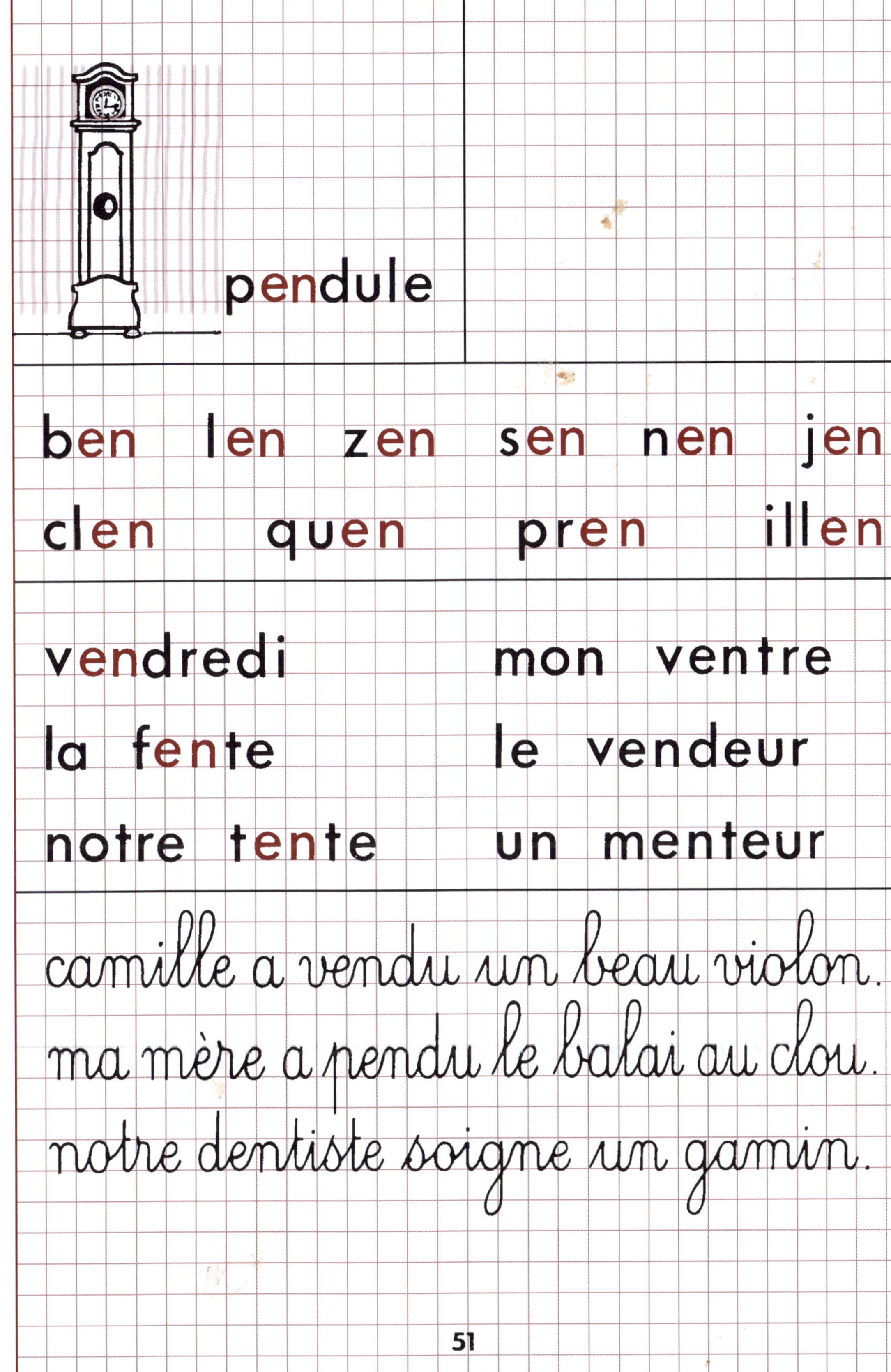

pendule

• ben len zen sen nen jen

■ clen quen pren illen

1 vendredi mon ventre

2 la fente le vendeur

3 notre tente un menteur

4 camille a vendu un beau violon.

5 ma mère a pendu le balai au clou.

6 notre dentiste soigne un gamin.

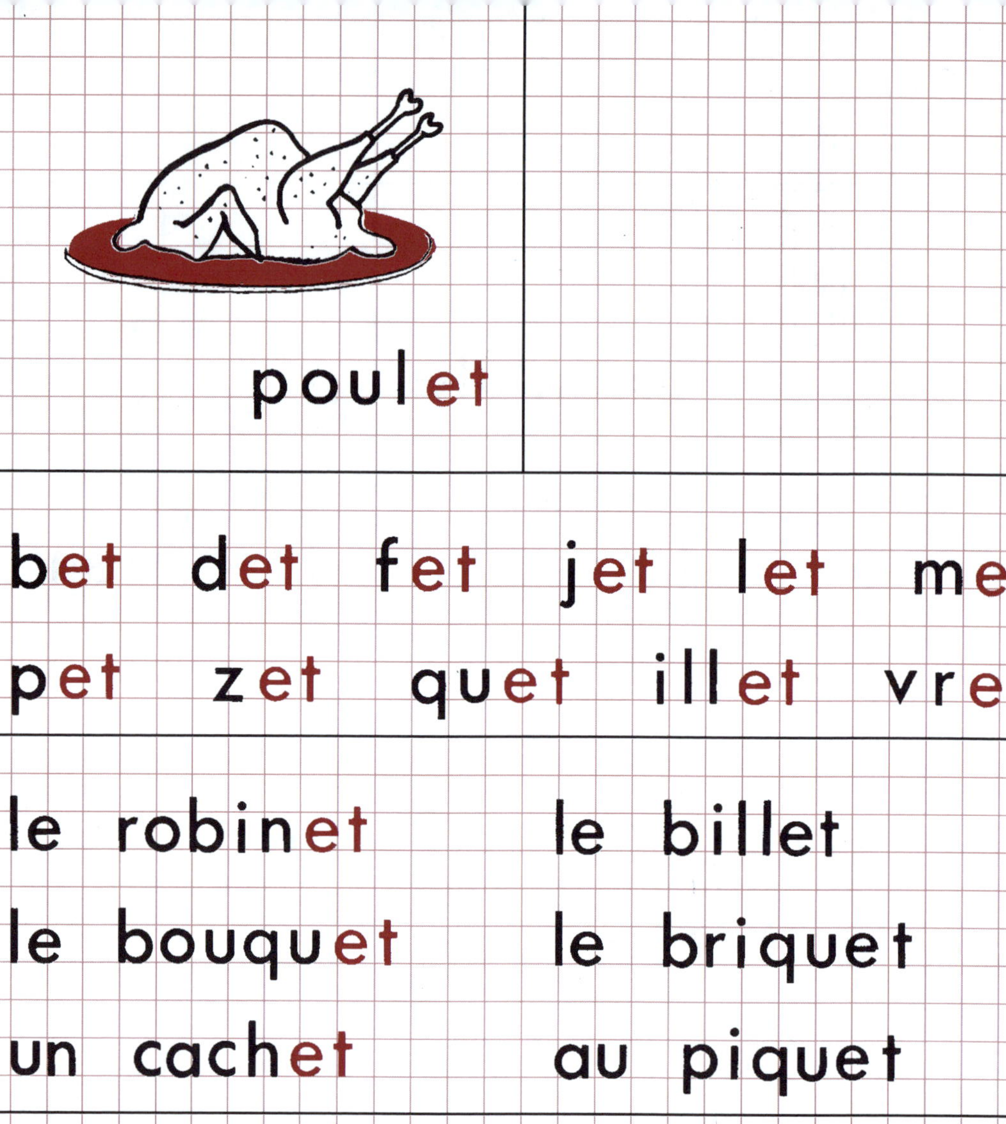

poulet

• bet det fet jet let me

■ pet zet quet illet vre

1 le robinet le billet

2 le bouquet le briquet

3 un cachet au piquet

4 le lapin grignote un navet.

5 le vendeur a un carnet bleu.

6 antoine aime son beau jouet.

• mette nette zette jette iette

■ illette gnette plette frette

1 la fillette ma fourchette

2 la violette la crevette

3 sa casquette la fleurette

4 maman a une cuvette en plastique.

5 paulette jette un bouquet fané.

6 il met une étiquette sur son livre.

la mer

• ber der jer ler ner ter

▪ ver zer quer gner iller

1 la perle le couvercle

2 une serpe le perchoir

3 leur ferme le merle

4 mon père a perdu son briquet.

5 le vendeur a servi claudette.

6 cherche ta cuiller et ta fourchette.

verre

• berre derri ferra lerre nerre

▪ serru zerre ierre gnerre

1 la terre — la serrure

2 une terrine — la pierre

3 la perruque — du lierre

4 la fillette a peur du ver de terre.

5 le marin a vendu son perroquet.

6 le coureur demande un verre de bière.

sel

pelle

• bel tel pel quel mie

▪ belle telle pelli quelle

1 le caramel une échelle

2 le colonel la sauterelle

3 un duel la tourterelle

4 pierrette a une belle cuiller.

5 claude a un bel avion bleu.

6 la libellule vole sur une fleur.

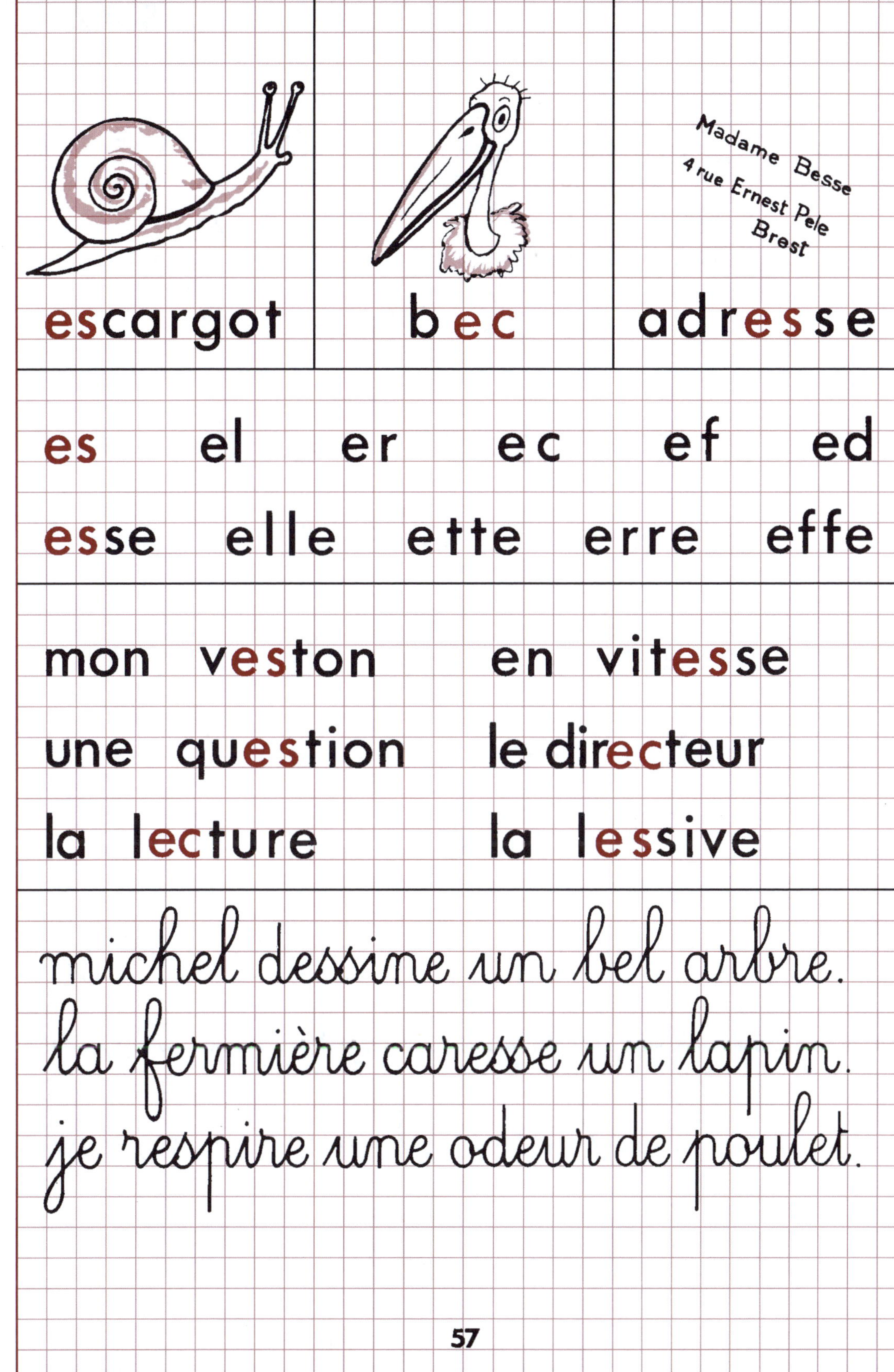

escargot | bec | adresse

• es el er ec ef ed

▪ esse elle ette erre effe

1 mon veston en vitesse

2 une question le directeur

3 la lecture la lessive

4 michel dessine un bel arbre.

5 la fermière caresse un lapin.

6 je respire une odeur de poulet.

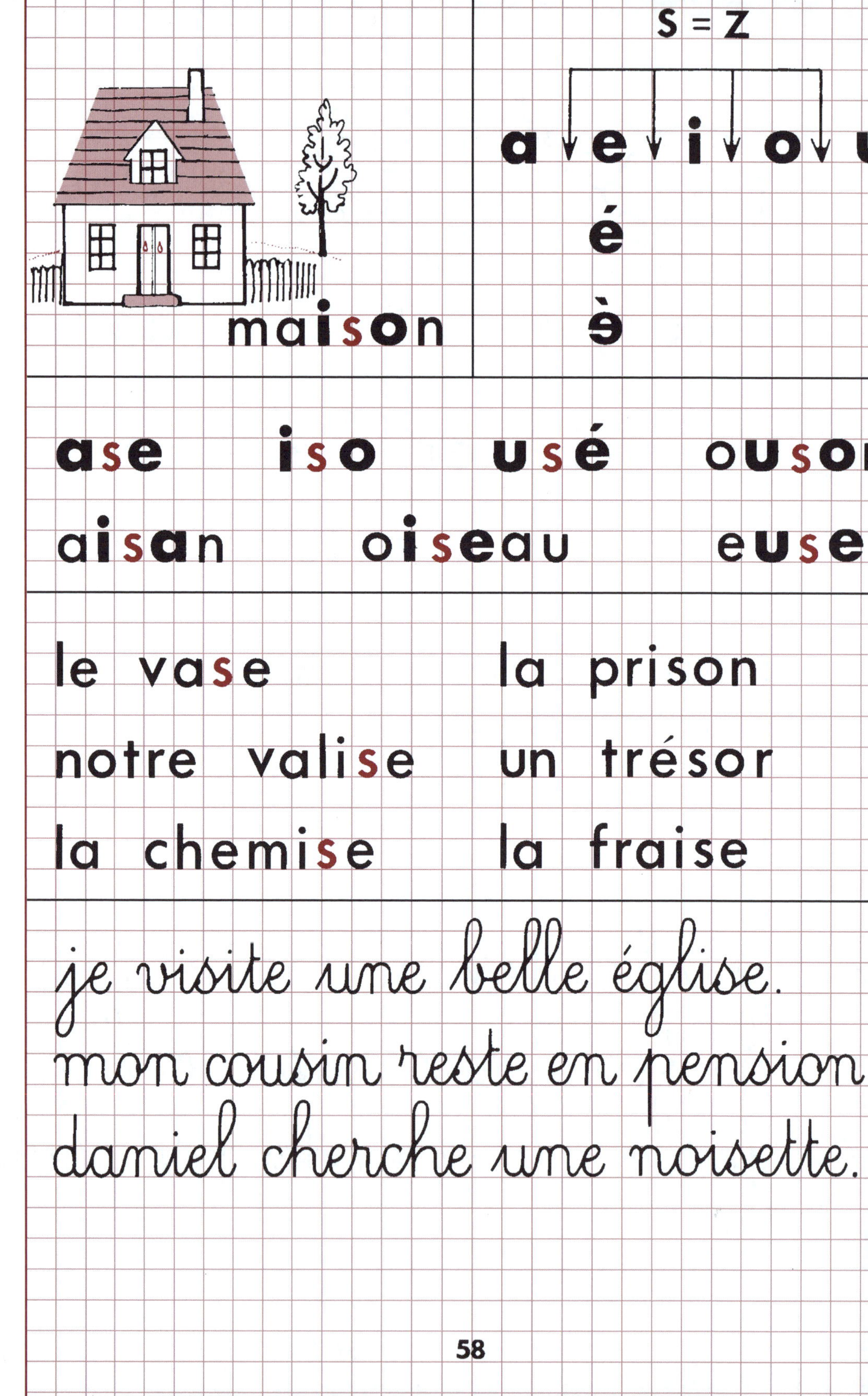

maison

s = z

a e i o u

é

è

• ase iso usé ousor

■ aisan oiseau euset

1 le vase la prison

2 notre valise un trésor

3 la chemise la fraise

4 je visite une belle église.

5 mon cousin reste en pension.

6 daniel cherche une noisette.

Abigail.

ail

• bail cail vail dail nail

▪ tail rail trail

1 leur travail le gouvernail

2 mon chandail le soupirail

3 le vitrail du corail

4 *le bétail rentre par le portail.*

5 *josette a un bel éventail violet.*

6 *ernestine tricote un chandail.*

• ail eil euil eil ail euil

ail eil euil eil ail euil

1 le réveil — le fauteuil

2 un conseil — un chevreuil

3 le vieil ami — le bouvreuil

4 je me repose sur le seuil de la porte.

5 pierre dessine un bel écureuil.

6 le bouvreuil se perche sur le portail.

boxe explosion

• xe xé xel xet xeuil ex

■ xe xe xel xet xeuil

1 le taxi une excuse

2 le fox une excursion

3 le boxeur du miel extra

4 max a vu une rose extraordinaire.

5 michel explore une caverne.

6 un vieil ami examine mon travail.

• gen get geon geoi gea

■ gue gué guet guette guerr

1 la cage la bague

2 une page ma langue

3 le pigeon du muguet

4 *le docteur examine ma gorge.*

5 *serge mange une belle orange.*

6 *marguerite a un fauteuil rouge.*

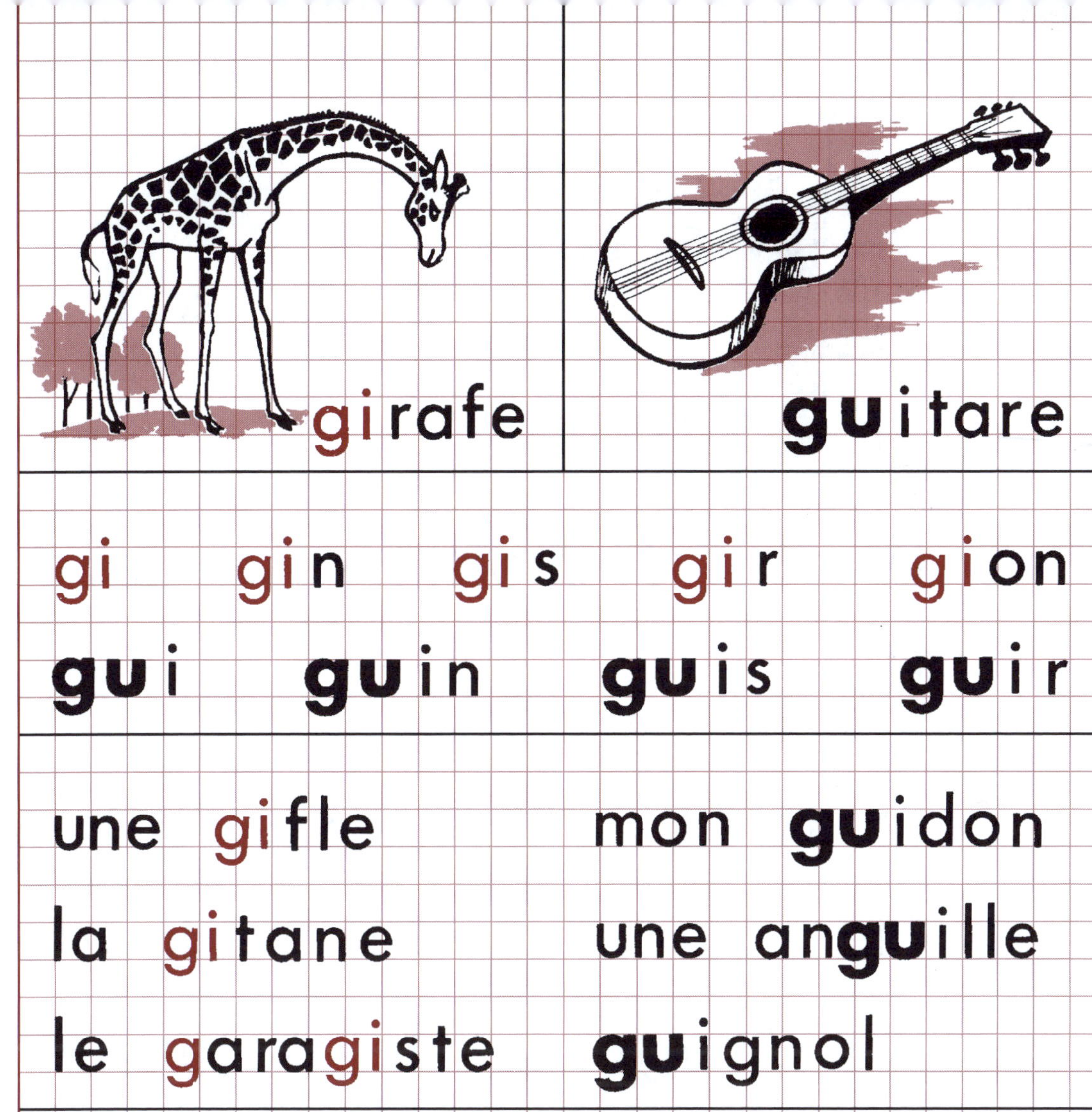

girafe guitare

• gi gin gis gir gion

gui guin guis guir

1 une gifle mon guidon

2 la gitane une anguille

3 le garagiste guignol

4 daniel a une guitare électrique.

5 le boxeur a suivi un régime.

6 le gendarme tape sur guignol.

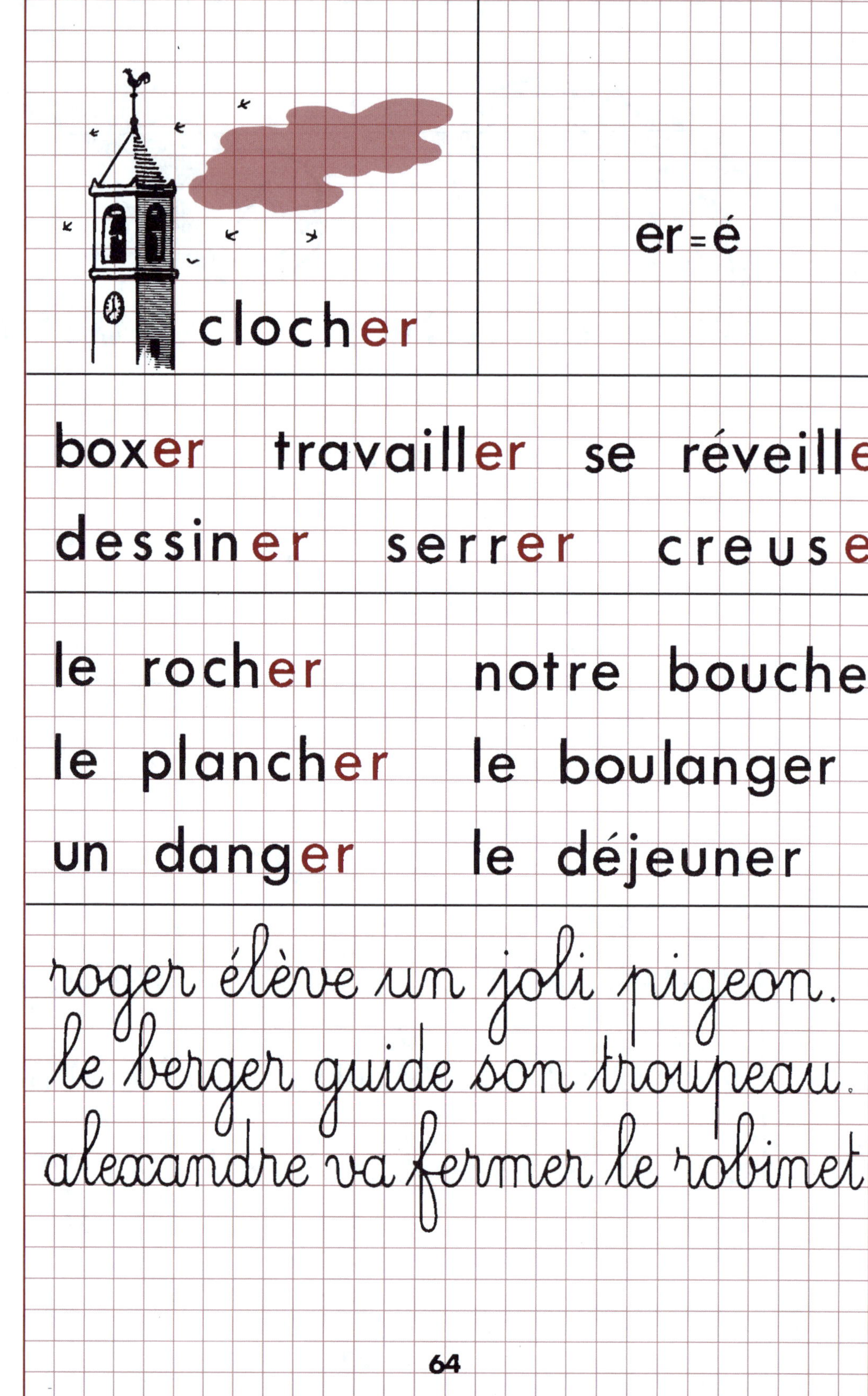

clocher

er = é

• boxer travailler se réveiller

■ dessiner serrer creuser

1 le rocher notre boucher

2 le plancher le boulanger

3 un danger le déjeuner

4 roger élève un joli pigeon.

5 le berger guide son troupeau.

6 alexandre va fermer le robinet.

panier

• ier ion iel ier ien iette

▪ crier oublier copier lier

1 du papier le sucrier

2 le poirier un saladier

3 le prunier le grenier

4 le cuisinier a un bon métier.

5 régine a changé de tablier.

6 le menuisier fixe le plancher.

cerise

ce=se

• ce que cé cel cen ceau

▪ cet cette celle cer cerre

1 une glace le pinceau

2 ma place le cerceau

3 mon pouce le berceau

4 marcel achète une sucette.

5 gisèle rince son linge propre.

6 max se balance sur son siège.

citron

ci=si

• ci qui cia ciè cio cié

▪ cian cieu cil ciel cier

1 le cigare la cigogne

2 du cirage la faucille

3 merci du cidre

4 maurice va au cinéma.

5 roger fume une cigarette.

6 marguerite cire le parquet.

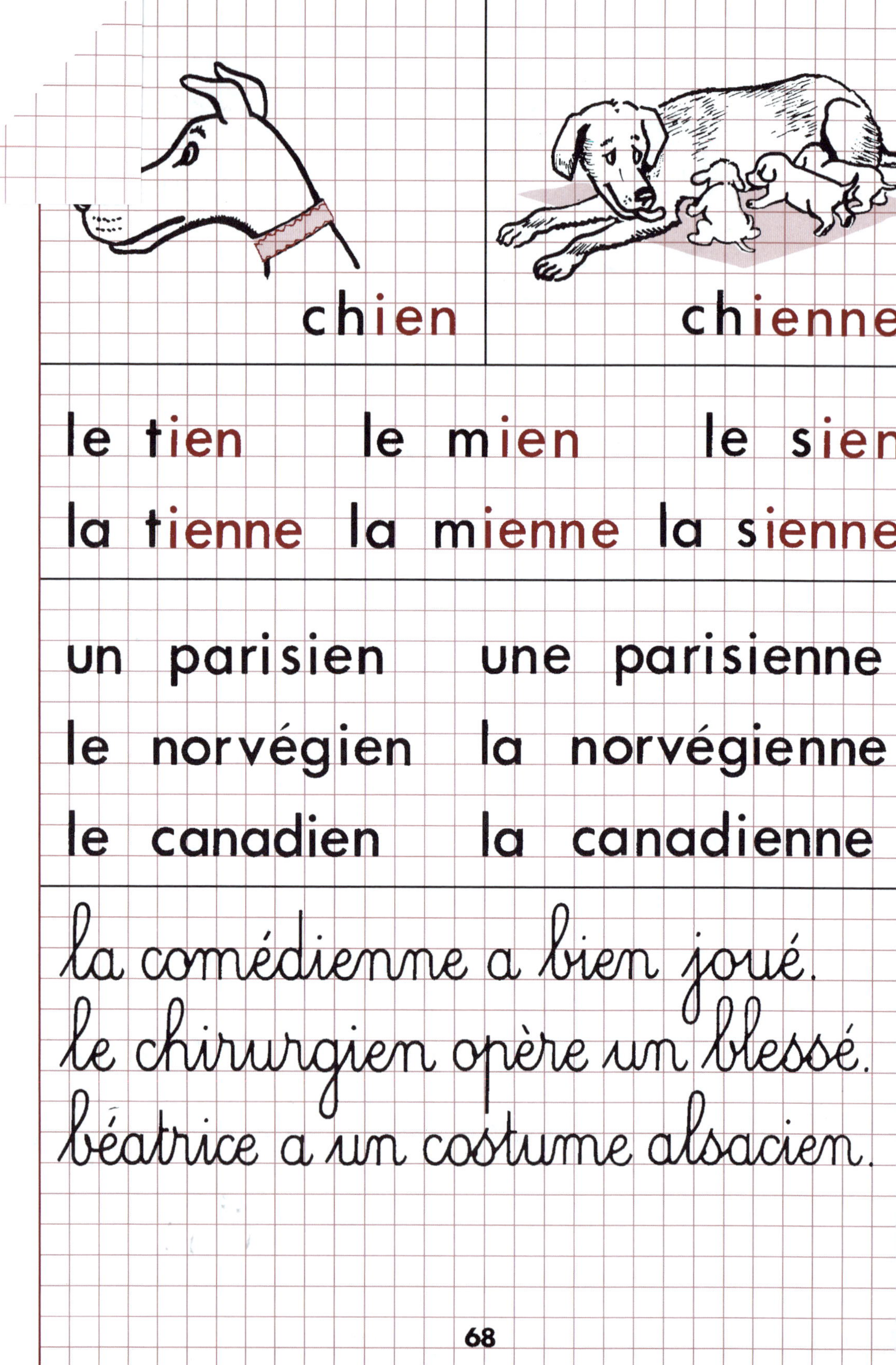

chien chienne

• le tien le mien le sien

▪ la tienne la mienne la sienne

1 un parisien une parisienne

2 le norvégien la norvégienne

3 le canadien la canadienne

4 la comédienne a bien joué.

5 le chirurgien opère un blessé.

6 béatrice a un costume alsacien.

neige tête

• eille bei mei pei rei

▪ chê fê guê quê vê

1 un peigne une bête

2 une oreille une fête

3 une abeille une crêpe

4 la bouteille de vin est pleine.

5 ma fenêtre est bien grande.

6 le pêcheur vise une baleine.

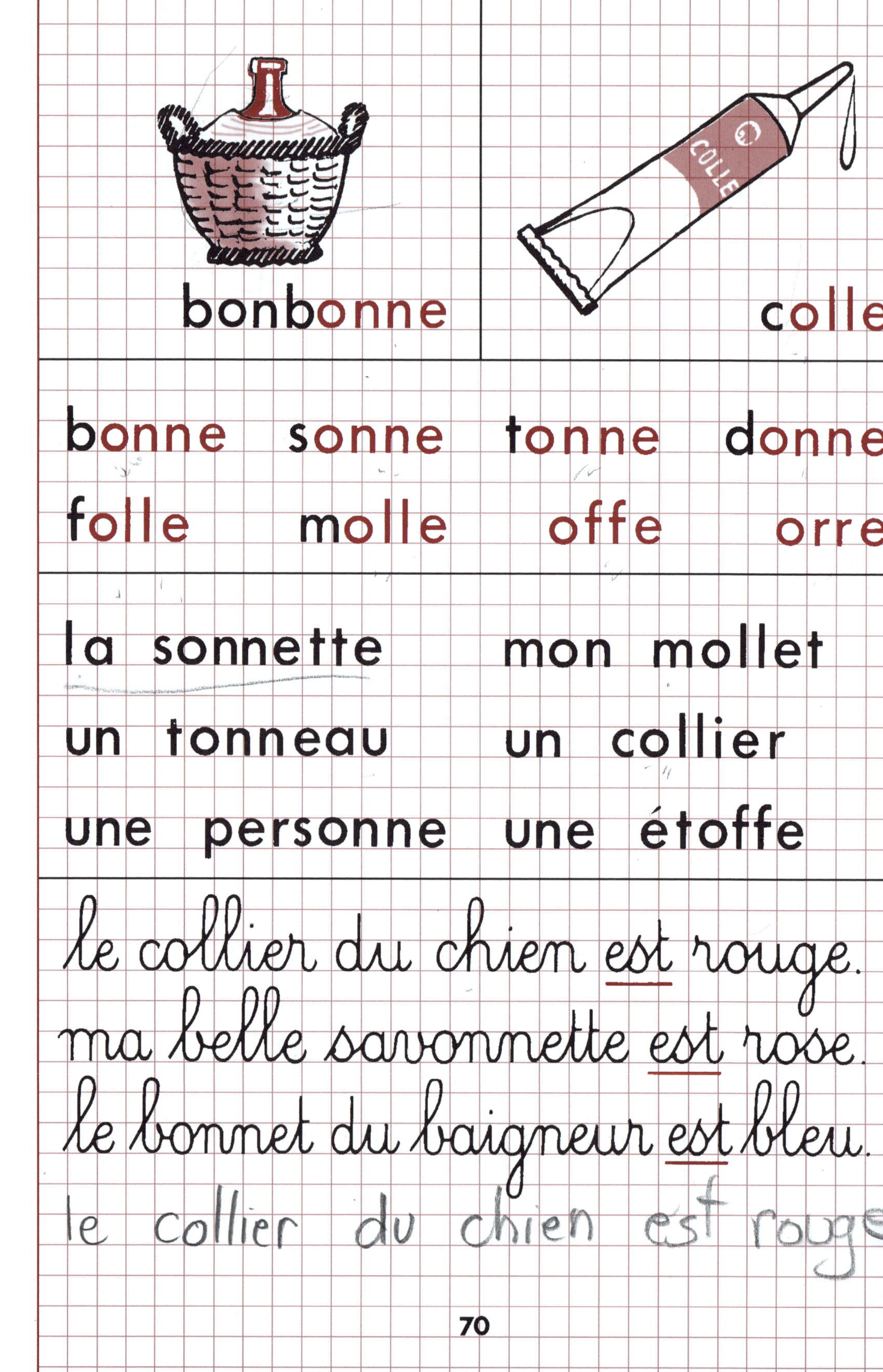

bonbonne

colle

• bonne sonne tonne donne

▪ folle molle offe orre

1 la sonnette mon mollet

2 un tonneau un collier

3 une personne une étoffe

4 *le collier du chien est rouge.*

5 *ma belle savonnette est rose.*

6 *le bonnet du baigneur est bleu.*

pomme botte

• gomme comme somme nomme

▪ lotte motte sotte trotte

1 un sommier la carotte

2 le pommier une roulotte

3 du commerce le trottoir

4 le cordonnier répare ma botte.

5 madeleine se frotte une oreille.

6 lucien a dormi comme une marmotte.

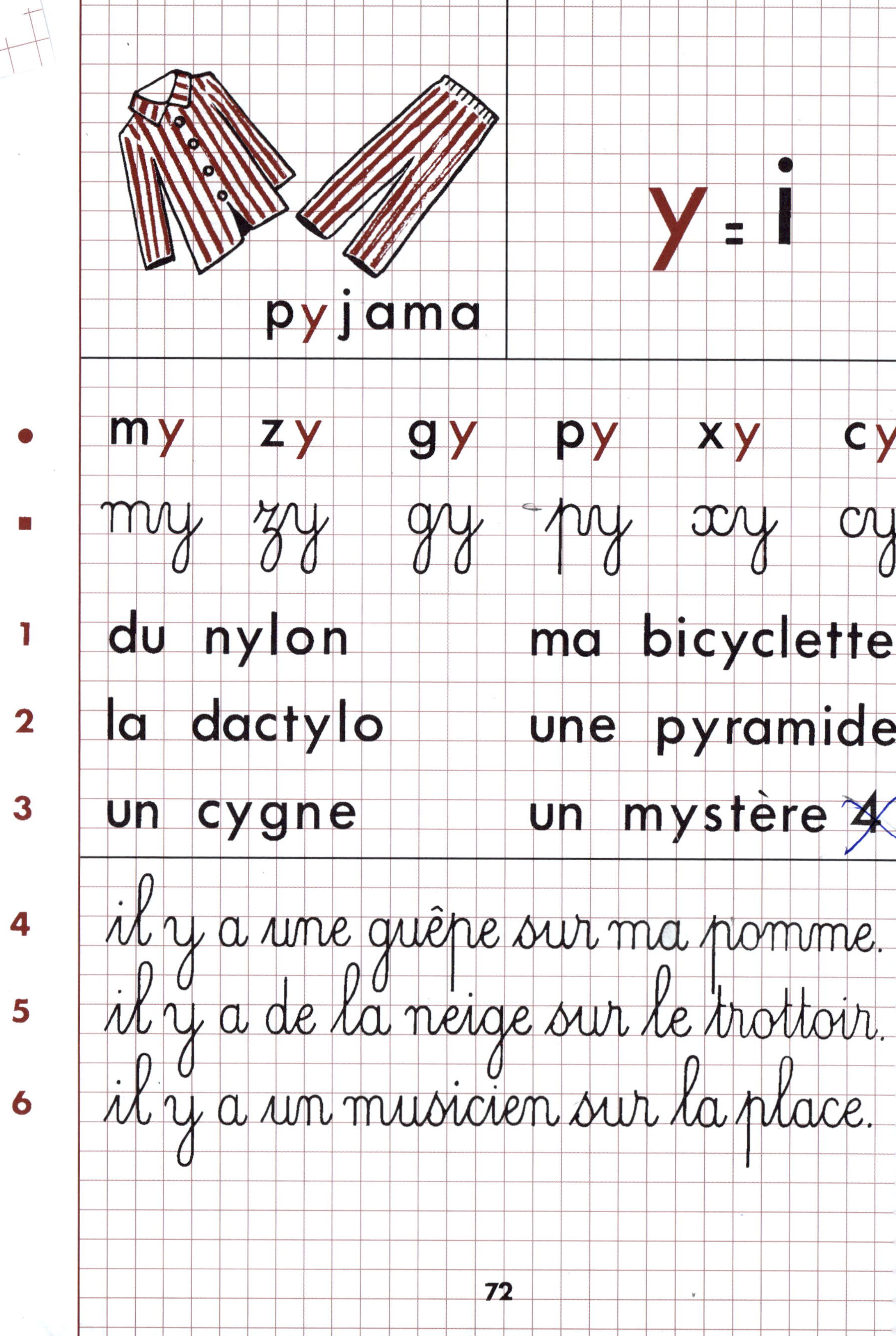

pyjama

y = i

• my zy gy py xy cy

■ my zy gy py xy cy

1 du nylon ma bicyclette

2 la dactylo une pyramide

3 un cygne un mystère

4 il y a une guêpe sur ma pomme.

5 il y a de la neige sur le trottoir.

6 il y a un musicien sur la place.

crayon

crayon

• ayon ayer ayeur ayan

▪ oyé oyou uyau uyè

1 le voyage un paysan

2 le loyer le paysage

3 un noyau le balayeur

4 ce tuyau de plastique est crevé.

5 la chienne a aboyé pour sortir.

6 yvonne aime le fromage de gruyère.

43
+12
―――
55

opéra**tion**

tion = sion

• sion cion tion tien tio

▪ patience la route nationale

1 la punition la réparation

2 la récréation la décoration

3 la récitation un martien

4 *guy a essayé de faire une opération.*

5 *ma portion de viande est bonne.*

6 *cette flèche indique la direction.*

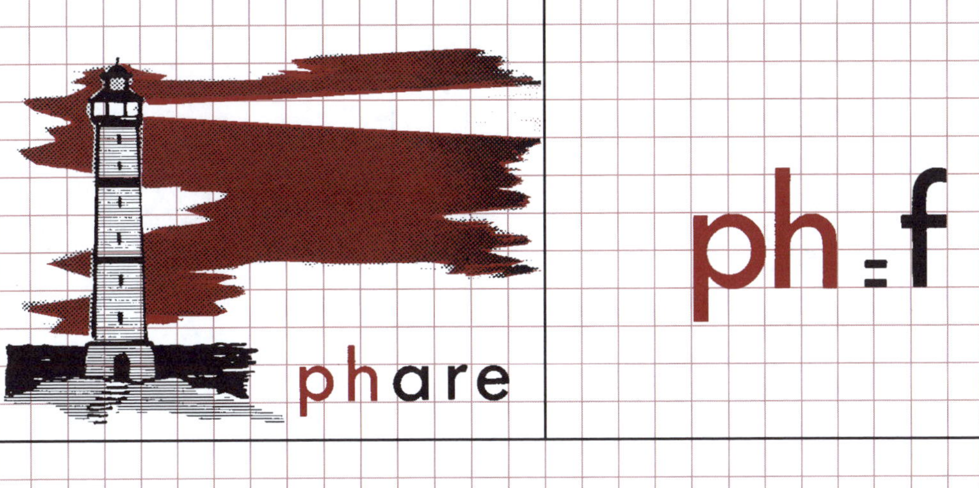

• pho phy phra phet phier

▪ *pho phy phra phet phier*

1 un phoque le téléphone

2 une phrase la pharmacie

3 votre photo le saxophone

4 *le pharmacien me donne une potion.*

5 *yvon a photographié un paysan.*

6 *le phoque est sur la glace.*

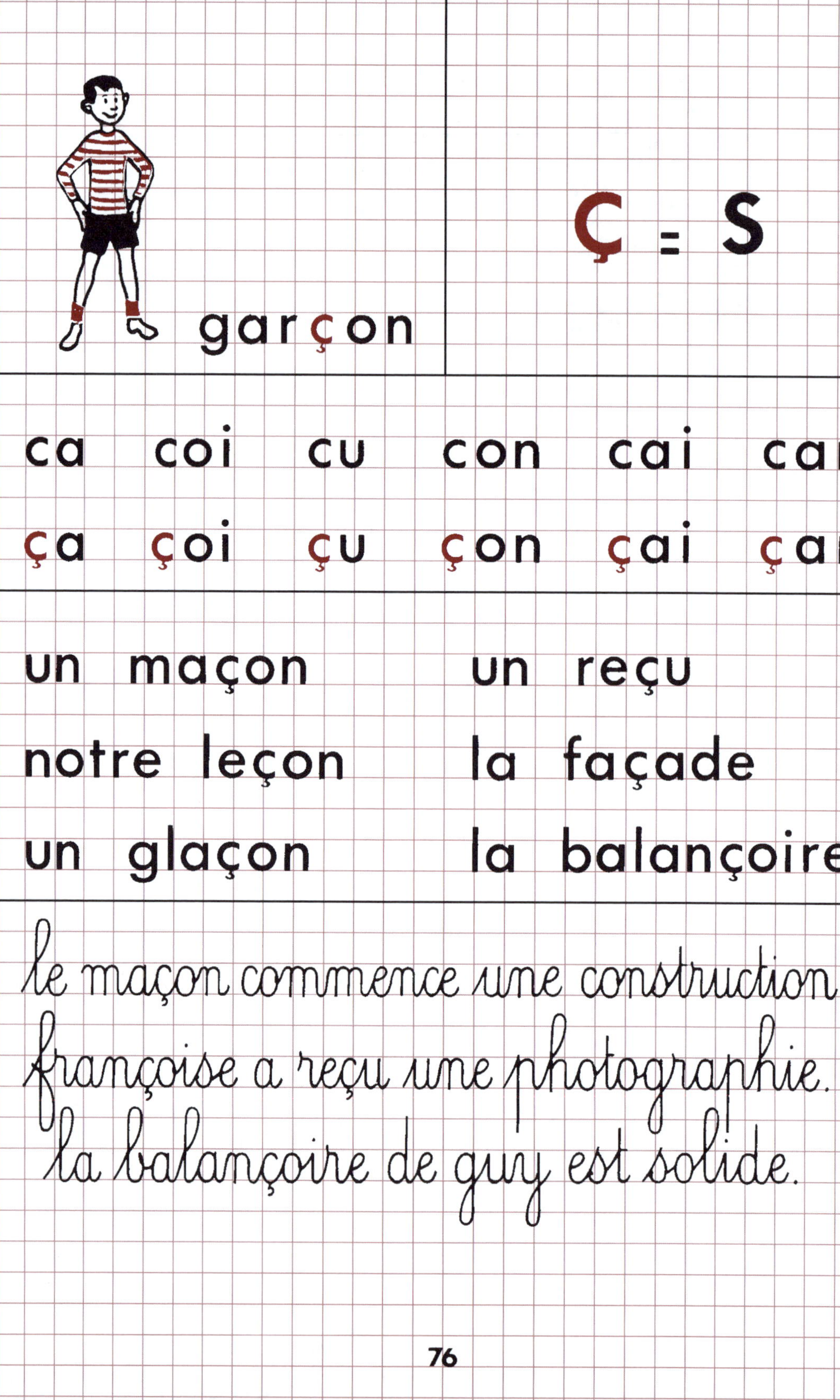

garçon

ç = s

• ca coi cu con cai car

▪ ça çoi çu çon çai çar

1 un maçon un reçu

2 notre leçon la façade

3 un glaçon la balançoire

4 le maçon commence une construction.

5 françoise a reçu une photographie.

6 la balançoire de guy est solide.

main peinture

• pain bain train nain grain

▪ rein plein frein peindre

1 le terrain un peintre

2 un mexicain ma ceinture

3 demain la teinture

4 alain a une leçon de géographie.

5 sylvain a lavé la cour de récréation.

6 la teinturière a nettoyé une étoffe.

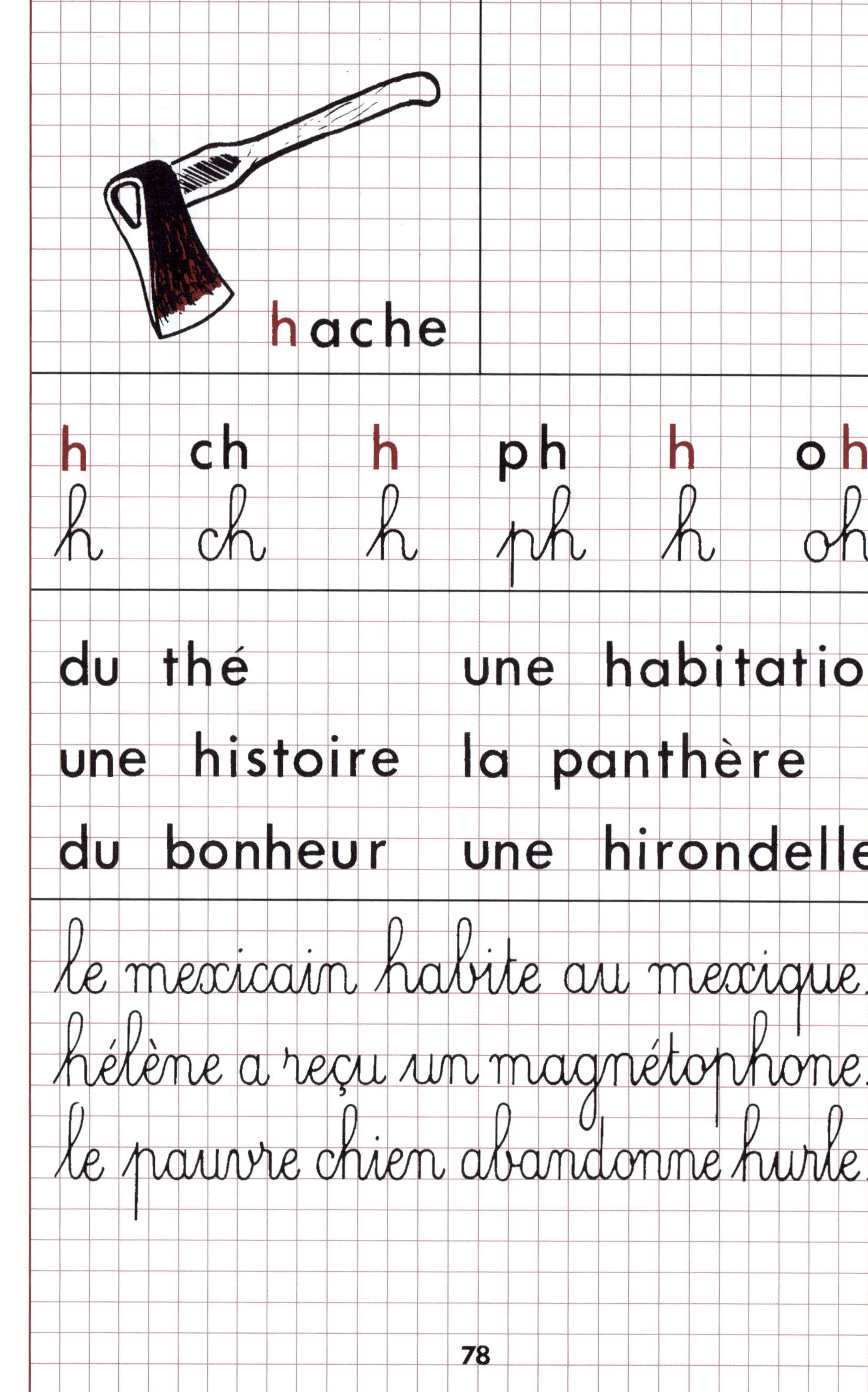

hache

• h ch h ph h oh!

■ *h ch h ph h oh*

1 du thé une habitation

2 une histoire la panthère

3 du bonheur une hirondelle

4 *le mexicain habite au mexique.*

5 *hélène a reçu un magnétophone.*

6 *le pauvre chien abandonne hurle.*

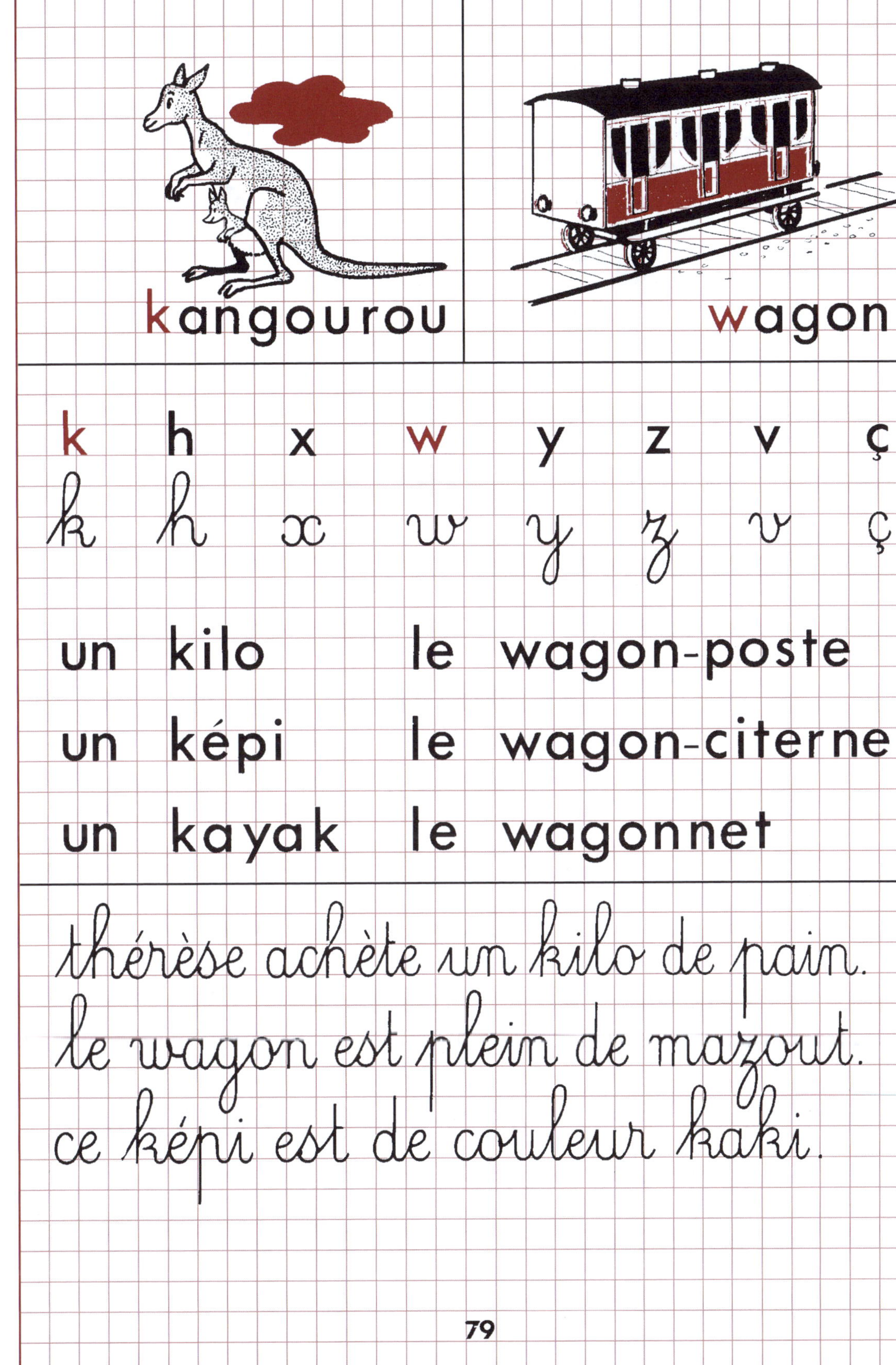

kangourou

wagon

• k h x w y z v ç

▪ k h x w y z v ç

1 un kilo le wagon-poste

2 un képi le wagon-citerne

3 un kayak le wagonnet

4 thérèse achète un kilo de pain.

5 le wagon est plein de mazout.

6 ce képi est de couleur kaki.

nez

ez = é, er

1 cherchez le wagon numéro douze.
2 achetez un kilo de bonne viande.
3 remontez un peu la vieille horloge
4 relisez la leçon de récitation.
5 téléphonez demain au peintre.
6 serrez bien le collier de la chienne.
7 prêtez-moi ce joli pinceau rouge.
8 fermez le robinet de la baignoire.
9 essayez de faire une excursion.
10 guidez votre frère sur le seuil.
11 agitez votre bel éventail en dentelle
12 dessinez un boxeur vainqueur.
13 nettoyez votre trottoir, il y a du papier
14 respectez le sommeil de votre voisin.

ski

• sca sta scor stè stra

▪ spon sque sci sphè pneu

1 mon stylo le squelette

2 mon slip le store

3 un skieur le spectateur

4 le sportif regonfle son pneu.

5 le spectacle est splendide.

6 la pieuvre guette le scaphandrier.

château

1 un rôti de chevreuil coûte cher.

2 goûtez ce bon gâteau au caramel.

3 le lapin mange une croûte de pain.

4 lucien brûle une vieille boîte.

5 il y a du pâté au dîner ce soir.

6 le râteau traîne sur le gazon.

7 le blessé se tâte le côté gauche.

8 le bûcheron coupe une belle bûche

9 cette pièce de théâtre est drôle.

10 le maçon va rebâtir le château.

11 le prestidigitateur brûle du papier.

12 joséphine a gâché du plâtre.

13 notre âne a peur du bâton.

14 délayez la farine pour faire la pâte

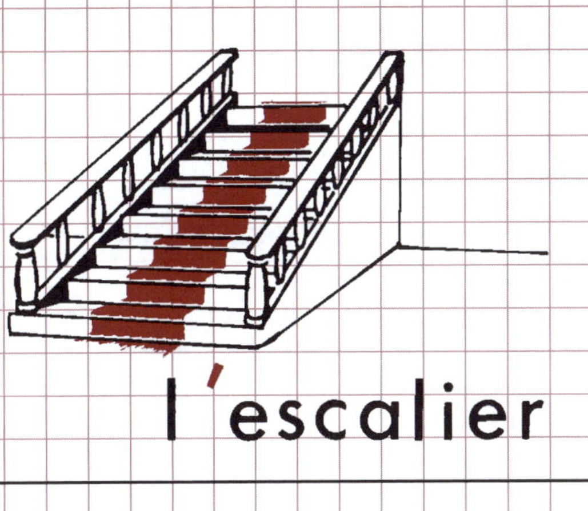

l’escalier

1 j’enlève une tache d’encre violette.
2 j’astique l’aile droite de l’automobile.
3 l’épicier m’a vendu de l’huile d’olive.
4 l’oiseau a l’air d’être bien malade.
5 l’ours brun s’élance sur l’explorateur.
6 j’achète une bouteille d’eau gazeuse.
7 l’élève n’a qu’une faute d’orthographe.
8 l’instituteur t’enseigne la gymnastique.
9 l’avion bleu s’éloigne d’un nuage.
10 le bûcheron ôte l’écorce de l’arbre.
11 l’abeille m’a piqué la main gauche.
12 je n’aime guère la salade avec de l’ail.
13 l’épervier guette l’écureuil qui s’amuse.
14 l’âne n’a reçu qu’une ration d’avoine.

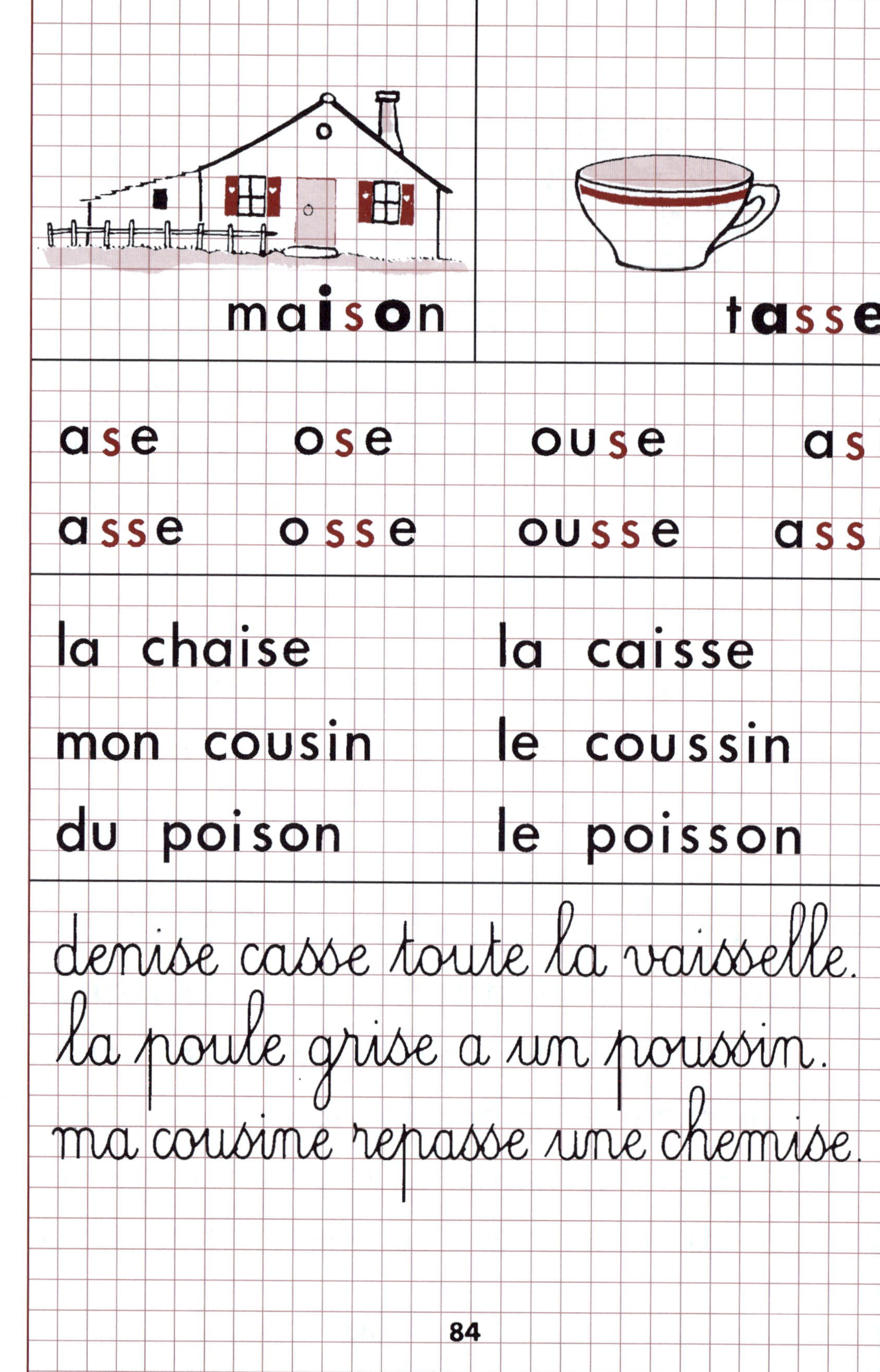

maison

tasse

• ase ose ouse asi

■ asse osse ousse assi

1 la chaise la caisse

2 mon cousin le coussin

3 du poison le poisson

4 denise casse toute la vaisselle.

5 la poule grise a un poussin.

6 ma cousine repasse une chemise.

des moutons

• les des tes ses mes

▪ un mur des murs mes sous

1 des roses tes lèvres

2 mes lunettes des caisses

3 ses crayons les fenêtres

4 henri achète des cigarettes.

5 cécile aime bien les cerises.

6 l'élève ramasse ses papiers.

deu**x** bateau**x**

les veau**x** tes jeu**x** les noi**x**

mes joujou**x** des travau**x**

1 mes cheveu**x** deux choux

2 ses genou**x** les tableaux

3 tes rideau**x** ses châteaux

4 *le paysan a dix vaches et six veaux.*

5 *paulette a acheté deux chapeaux.*

6 *je lave les couteaux et les ciseaux.*

les papillons volent

1 les poissons nagent dans la rivière.
2 les lapins se sauvent dans l´herbe.
3 les moutons bêlent dans la bergerie.
4 les grenouilles sautent dans la mare.
5 les perroquets parlent dans leur cage.
6 les skieurs s´élancent dans la neige.
7 les moineaux sautillent dans le jardin.
8 les pains cuisent dans le four.
9 les glaçons fondent dans les verres.
10 les phoques plongent dans les vagues.
11 les voyageurs montent dans le train.
12 les fleurs poussent dans le pré.
13 les parisiens courent dans le métro.
14 les taxis circulent dans les rues.

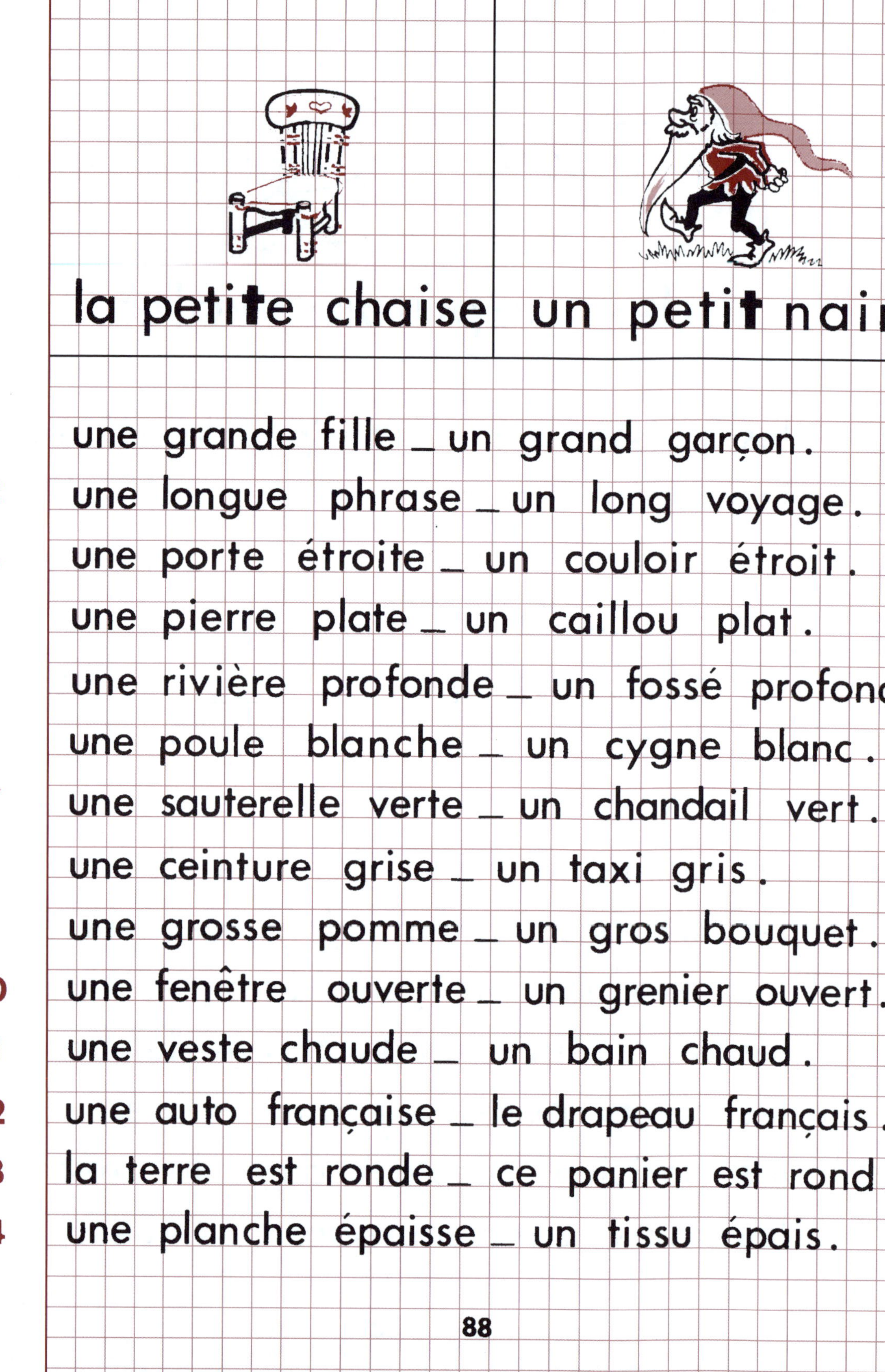

la petite chaise — un petit nain

1 une grande fille _ un grand garçon.
2 une longue phrase _ un long voyage.
3 une porte étroite _ un couloir étroit.
4 une pierre plate _ un caillou plat.
5 une rivière profonde _ un fossé profond
6 une poule blanche _ un cygne blanc.
7 une sauterelle verte _ un chandail vert.
8 une ceinture grise _ un taxi gris.
9 une grosse pomme _ un gros bouquet.
10 une fenêtre ouverte _ un grenier ouvert.
11 une veste chaude _ un bain chaud.
12 une auto française _ le drapeau français.
13 la terre est ronde _ ce panier est rond.
14 une planche épaisse _ un tissu épais.

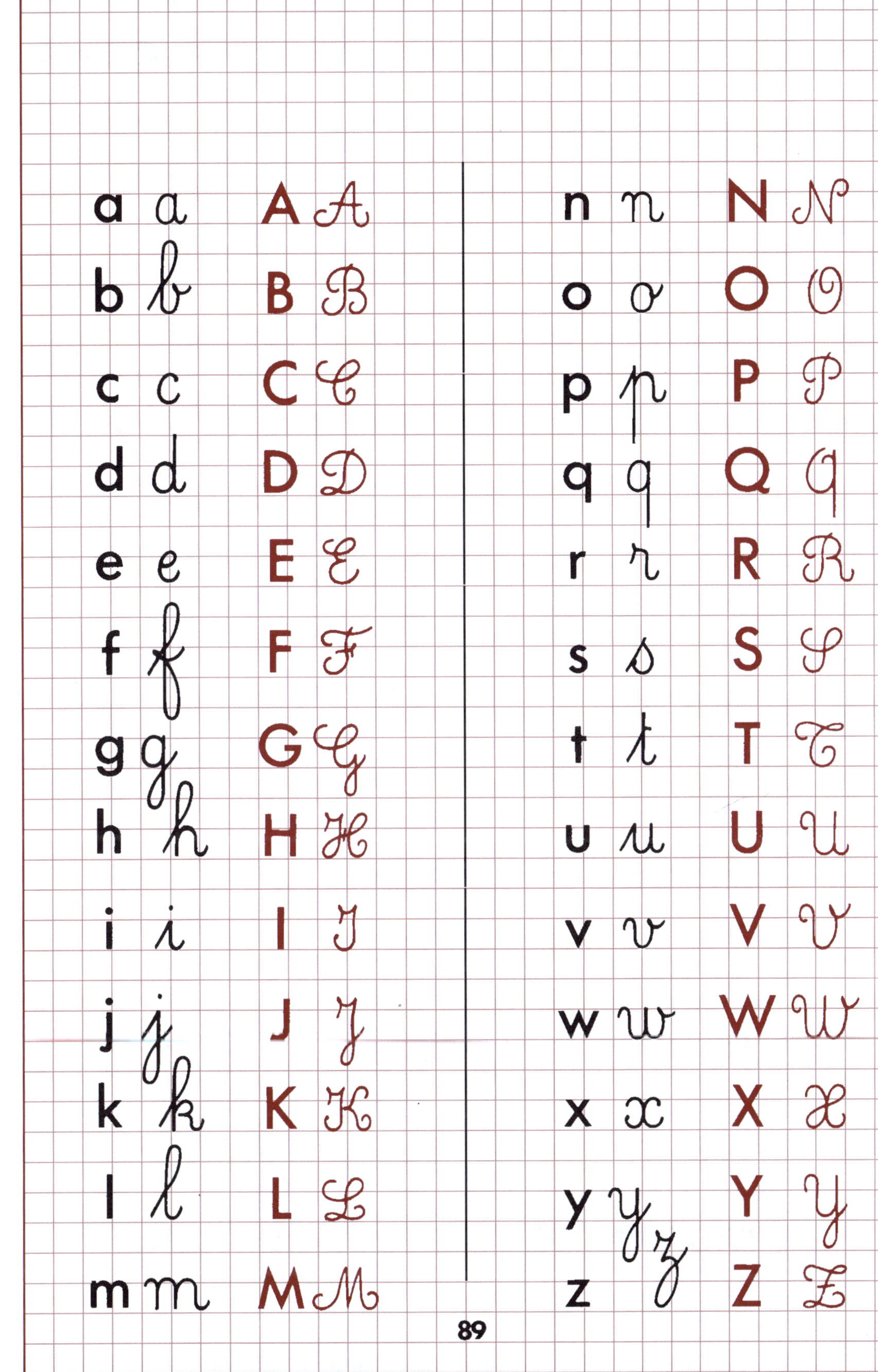
a a A A
b b B B
c c C C
d d D D
e e E E
f f F F
g g G G
h h H H
i i I I
j j J J
k k K K
l l L L
m m M M
n n N N
o o O O
p p P P
q q Q Q
r r R R
s s S S
t t T T
u u U U
v v V V
w w W W
x x X X
y y Y Y
z z Z Z

révision des sons

cheval	che	auto	au
poule	ou	flèche	è
lapin	in	rivière	iè
bonbon	on	pendule	en
aile	ai	poulet	et
bateau	eau	brouette	ette
ruban	an	mer	er
étoile	oi	verre	erre
disque	que	sel	el
grenouille	ille	pelle	elle
feu	eu	escargot	es
fleur	eur	adresse	esse
montagne	gne	de l'ail	ail

soleil	eil	chien	ien
écureuil	euil	neige	ei
explosion	ex	tête	ê
singe	ge	bonne	onne
guenon	gue	colle	olle
girafe	gi	pomme	omme
guitare	gui	botte	otte
clocher	er	opération	tion
panier	ier	phare	ph
cerise	ce	main	ain
citron	ci	peinture	ein

nez ez

maison tasse garçon

crayon ski château

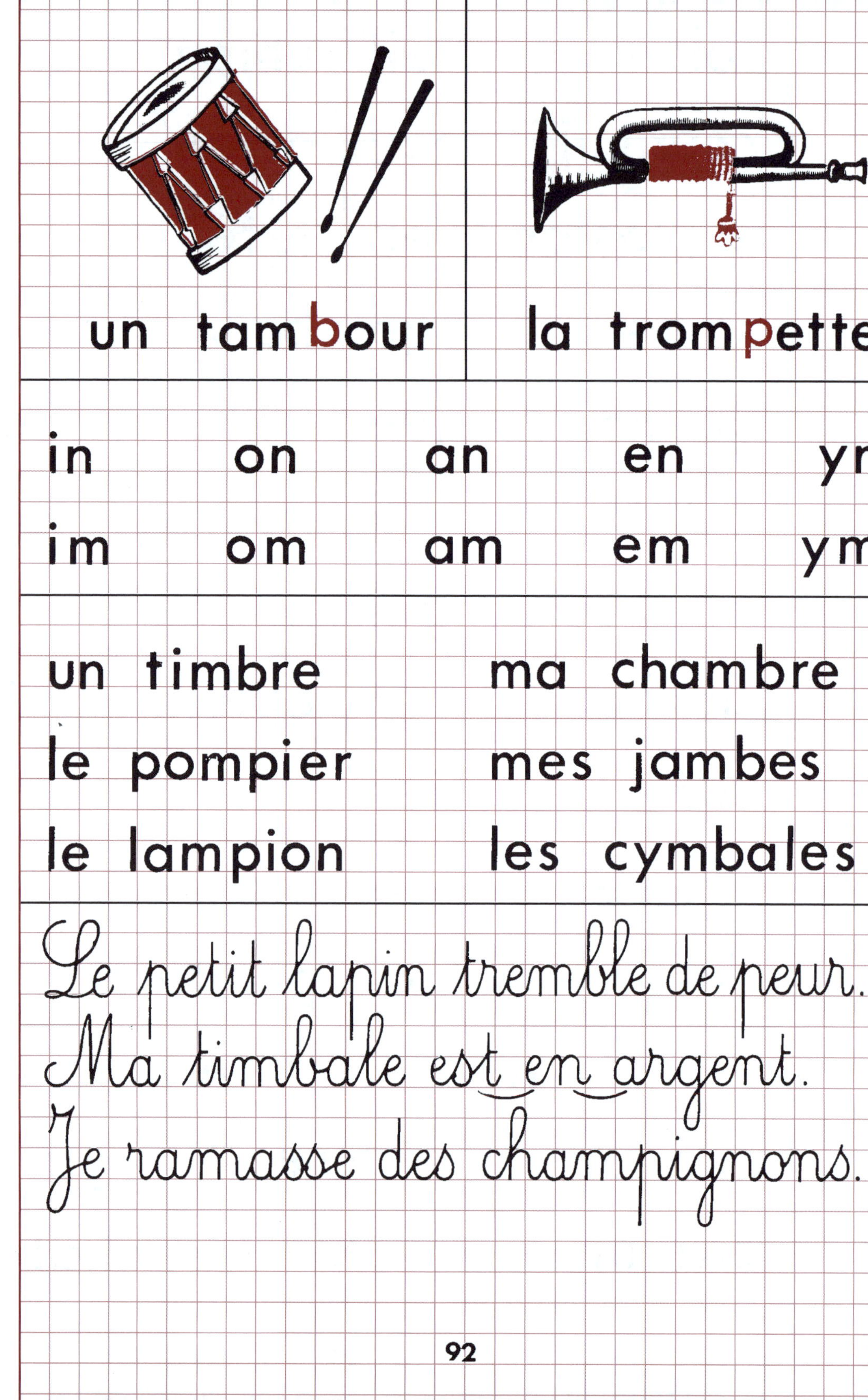

un tam**b**our | la trom**p**ette

● in on an en yn

■ im om am em ym

1 un timbre ma chambre

2 le pompier mes jambes

3 le lampion les cymbales

4 *Le petit lapin tremble de peur.*

5 *Ma timbale est en argent.*

6 *Je ramasse des champignons.*

Fleurette et Raymond

Raymond est un bon garçon. Hélas ! il préfère être en récréation qu'en classe.

Pour l'encourager dans son travail, sa grand'mère lui a donné une chienne fox-terrier qui se nomme Fleurette.

Elle a deux longues oreilles, un fin museau noir, des yeux pleins de malice.

Elle agite son petit bout de queue lorsque les gens la caressent.

Raymond a cassé sa tirelire pour lui acheter, au bazar, un superbe collier rouge et une laisse de la même couleur.

Fleurette est gourmande, elle aime le sucre, le miel, le saucisson, les gâteaux, les crottes en chocolat, par contre elle déteste le pain sec.

Si elle a sommeil, elle va se coucher dans un splendide fauteuil, à côté du téléphone.

Raymond la soigne assez bien, il lui explique des tours, et le soir, il lui joue de la guitare parce que Fleurette adore la musique.

table des matières

A la même Librairie

L'expérimentation des techniques "JEANNOT" a permis de mettre au point un ensemble pédagogique comprenant :

Pour les élèves :

- **Une méthode de lecture et d'orthographe**

LA CLÉ DES MOTS *- Premier livret*
- Deuxième livret

- **Une méthode d'écriture offrant une progression sûre suivant une conception nouvelle basée sur l'organisation dans l'espace, le rythme, la coordination**

LA CLÉ DE L'ÉCRITURE *- un cahier*

- **Un matériel individuel de lecture**

LA CLÉ DES MOTS - MATÉRIEL L 79
comprenant 48 images-mots d'identification (24 bleues pour le premier livret - 24 rouges pour le second livret).

Pour les maîtres :

Deux livrets pédagogiques :

- **"LA CLÉ DES MOTS"** **complément pédagogique pour l'utilisation de la méthode de lecture**
- **"LA CLÉ DE L'ÉCRITURE"** **complément pédagogique pour l'utilisation de la méthode d'écriture.**

N° d'éditeur : 10271319 - Février 2021
Imprimé en France par SEPEC - N° d'imprimeur : 06601201211